INHALT / CONTENT

Simple Piece No. 1

JOHANNES SCHMIDAUER-KÖNIG

Die fabelhafte Welt des PIANOSPIELS

THE FABULOUS WORLD OF PIANO PLAYING

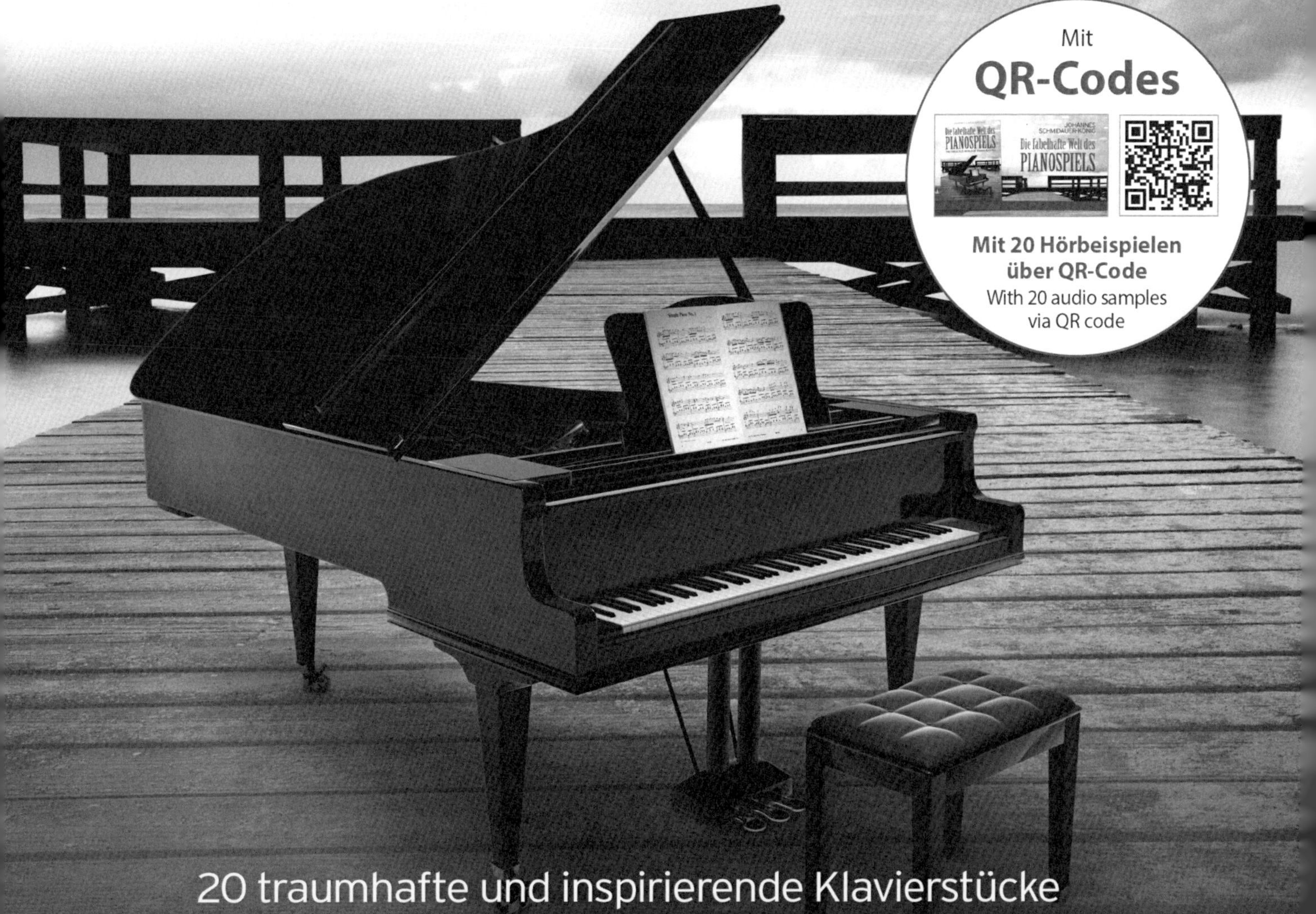

Mit
QR-Codes

Mit 20 Hörbeispielen über QR-Code
With 20 audio samples via QR code

20 traumhafte und inspirierende Klavierstücke
20 beautiful and inspiring piano pieces

Vol. 1

HAGE MUSIKVERLAG

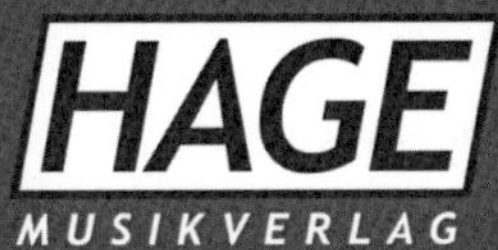

VORWORT

Entdecken Sie die fabelhafte Welt des Pianospiels mit 20 traumhaften Kompositionen. Die bezaubernden Melodien von Komponist und Pianist Johannes Schmidauer-König ziehen Klavierspieler und Zuhörer gleichermaßen in ihren Bann. Wie Filmmusik lassen die wunderbar heiteren bis sanft-melancholischen Stücke Klanglandschaften im Kopf entstehen.

Nicht zu schwer komponiert, sind die Lieder variationsreich arrangiert, so dass man sie immer wieder spielen und hören möchte. Tempo- und Dynamikangaben sind bewusst variabel gehalten, damit jeder die Stücke für sich selbst entdecken und auf persönliche Weise interpretieren kann.

Über die QR-Codes, die man einfach mit dem Smartphone oder Tablet abspielen kann, gelangt man zu allen Kompositionen, die von Helena Sommer und vom Autor selbst live am Piano eingespielt wurden. Die Audiodateien hinter den QR-Codes dienen als Hörbeispiel oder Lernhilfe. Traumhaft und bezaubernd – so klingt Klaviermusik auf höchstem Niveau.

PREFACE

Discover the fabulous world of piano playing with 20 beautiful compositions. The enchanting melodies of composer and piano player Johann Schmidauer-König fascinate both players and listeners in the same way. Just like the soundtrack to a movie, the wonderfully serene and gently melancholic pieces create soundscapes in your head.

Not too difficultly composed, the songs are arranged richly varied, so that you want to hear and play them again and again. Tempo and dynamic markings are kept variable so that everyone can discover the pieces for themselves and interpret them in a personal way.

Via the QR codes, which can be easily played with a smartphone or tablet, you can access all the compositions, which were recorded live on the piano by Helena Sommer and the author himself. The audio files serve as excercising aid or for listening. Beautiful and enchanting, that is how piano music sounds at the highest level.

© 2012-2025 HAGE Musikverlag GmbH & Co. KG
Eschenbach 542
91224 Pommelsbrunn, Germany
Fon: +49 (0)9154 / 916940
Fax: +49 (0)9154 / 916941
Mail: info@hage-music.com

Layout & Design: HAGE Musikverlag GmbH & Co. KG
CD-Einspielungen: Johannes Schmidauer-König, Helena Sommer
Bildnachweise Cover: iStock/Thinkstock, Stockbyte/Thinkstock, iStockphoto/Thinkstock
Gesamtherstellung / Production: Helmut Hage, Rainer Pink
Printed in Germany

■ Notenbuch, Best.-Nr.: EH 3823   ISBN 978-3-86626-261-4

Besuchen Sie uns im Internet / Visit our website! **www.hage-music.com**

EH 3823

Die fabelhafte Welt des Pianospiels HAGE

Simple Piece No. 2

$\quad$ = 108-118

Johannes Schmidauer-König

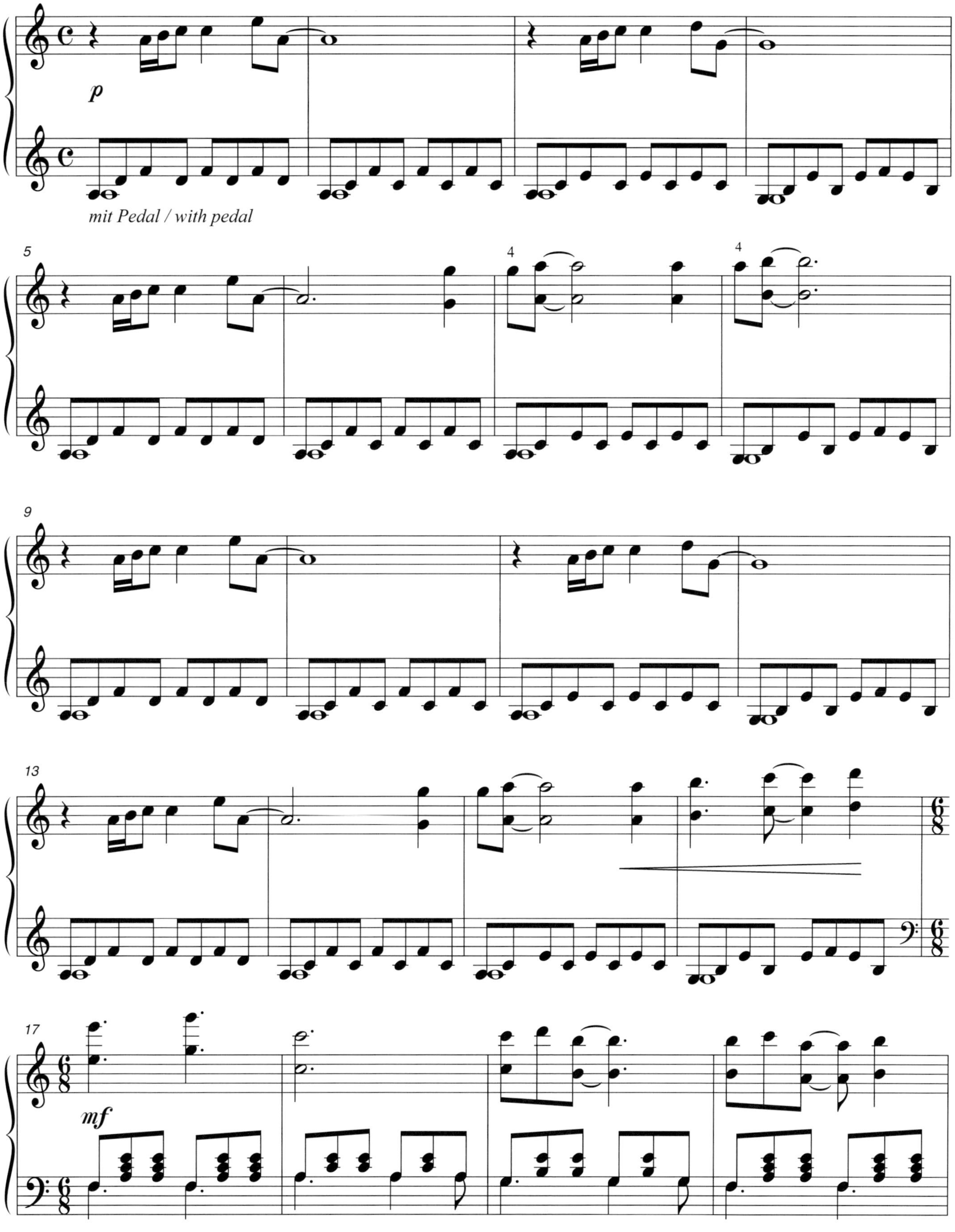

p

mit Pedal / with pedal

mf

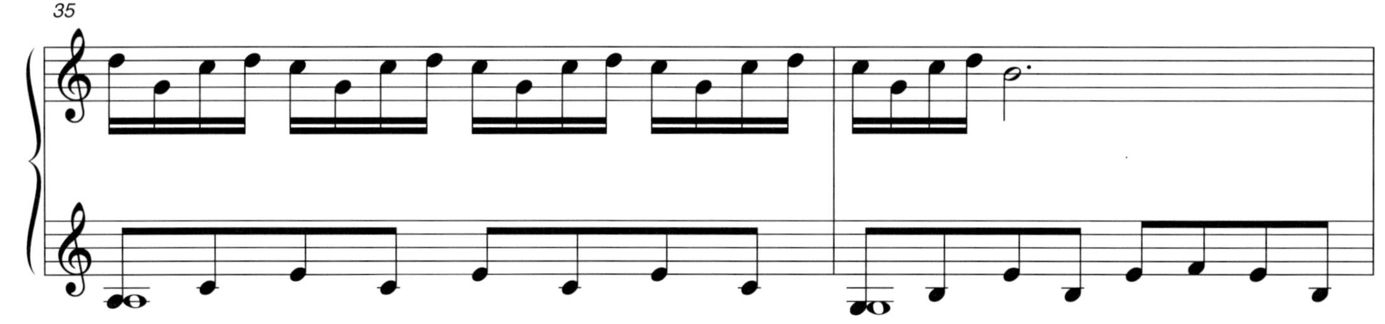

EH 3823   Die fabelhafte Welt des Pianospiels

51
54
57
59
62
rit.

65
a tempo
p

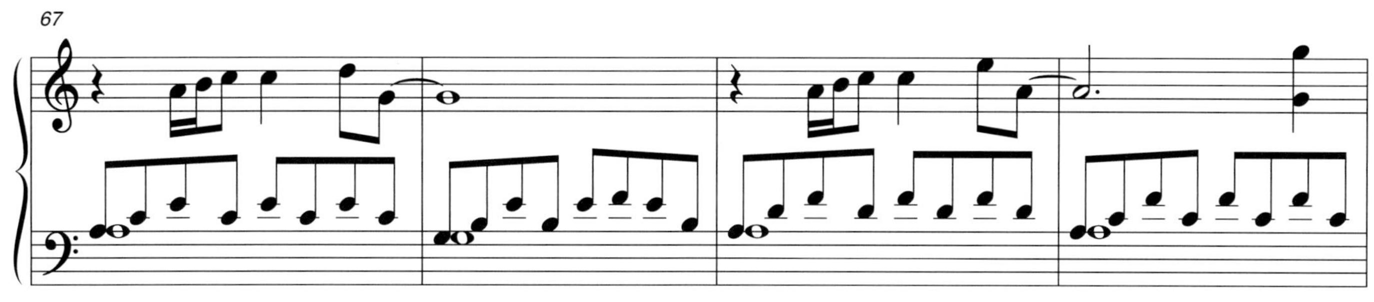
67

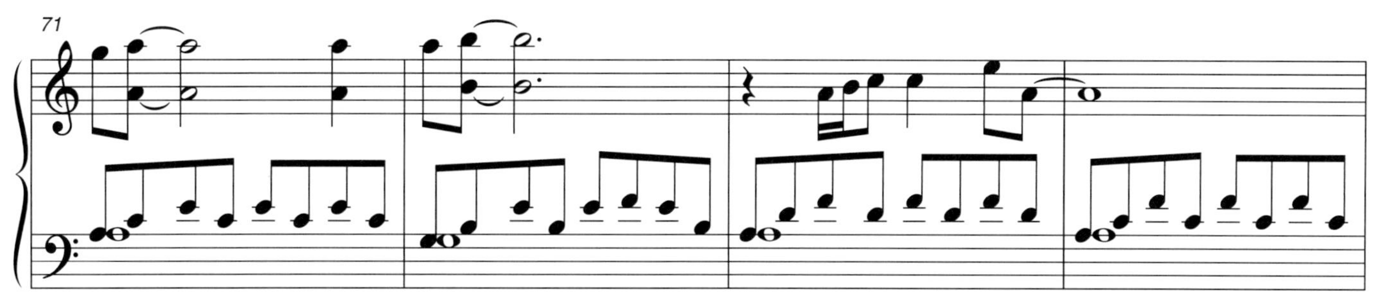
71

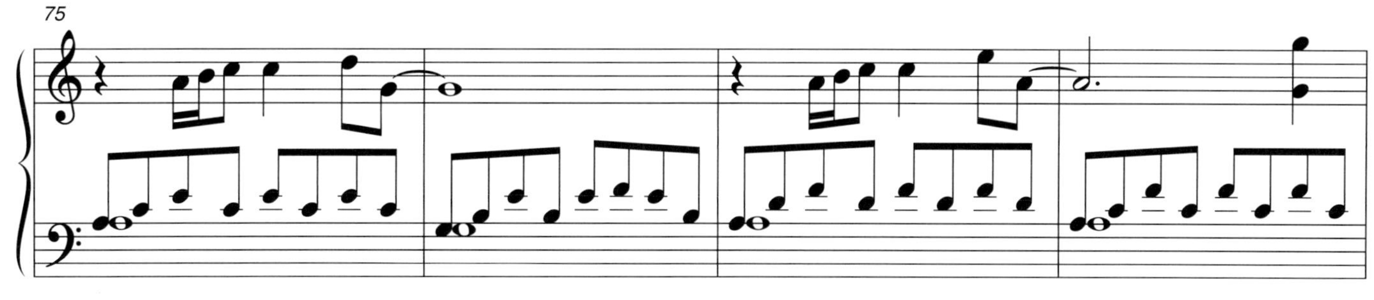
75

79
poco dim. e rit.

Simple Piece No. 3

Johannes Schmidauer-König

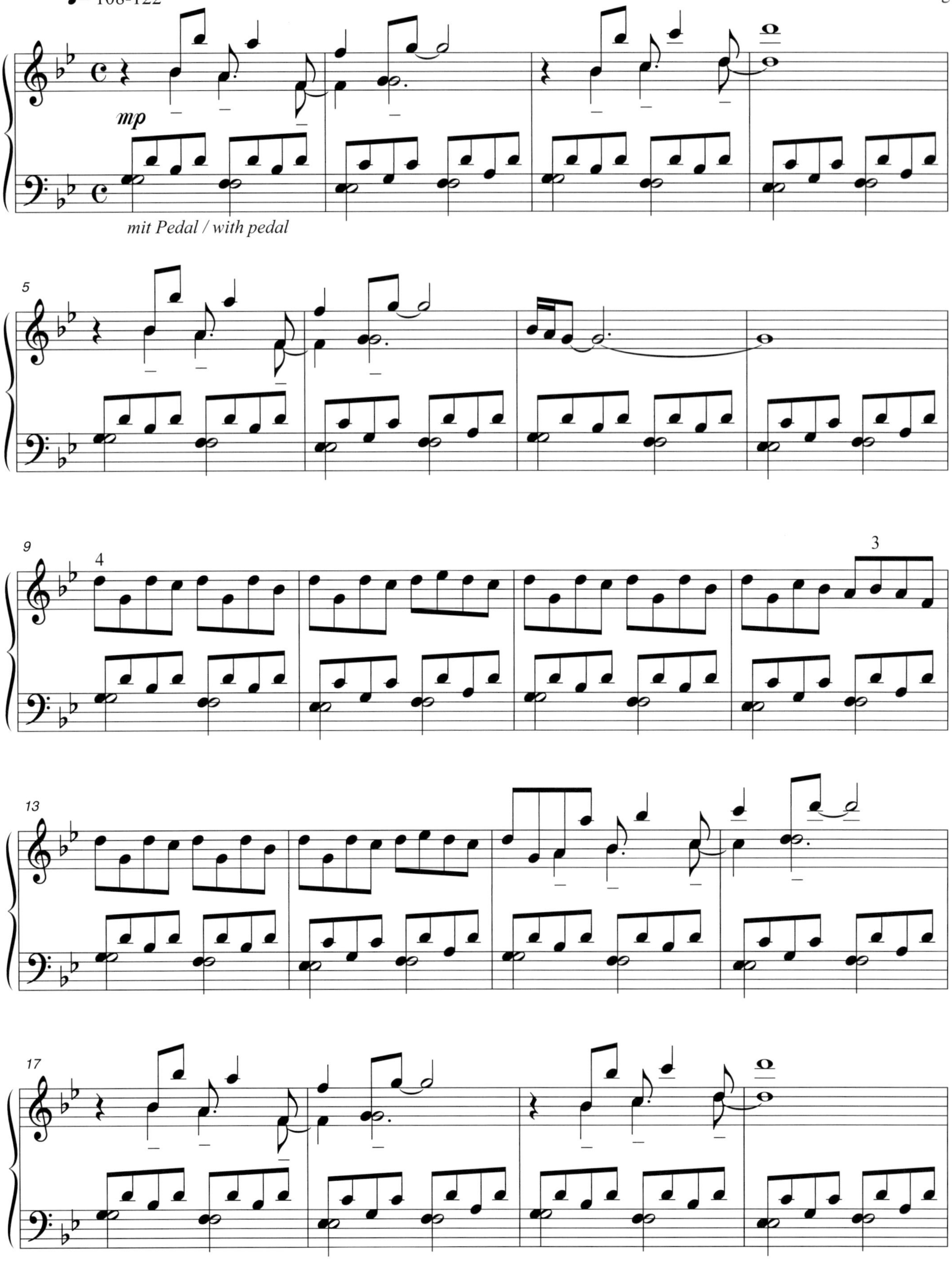

EH 3823

Die fabelhafte Welt des Pianospiels HAGE
MUSIKVERLAG

Simple Piece No. 4

Johannes Schmidauer-König

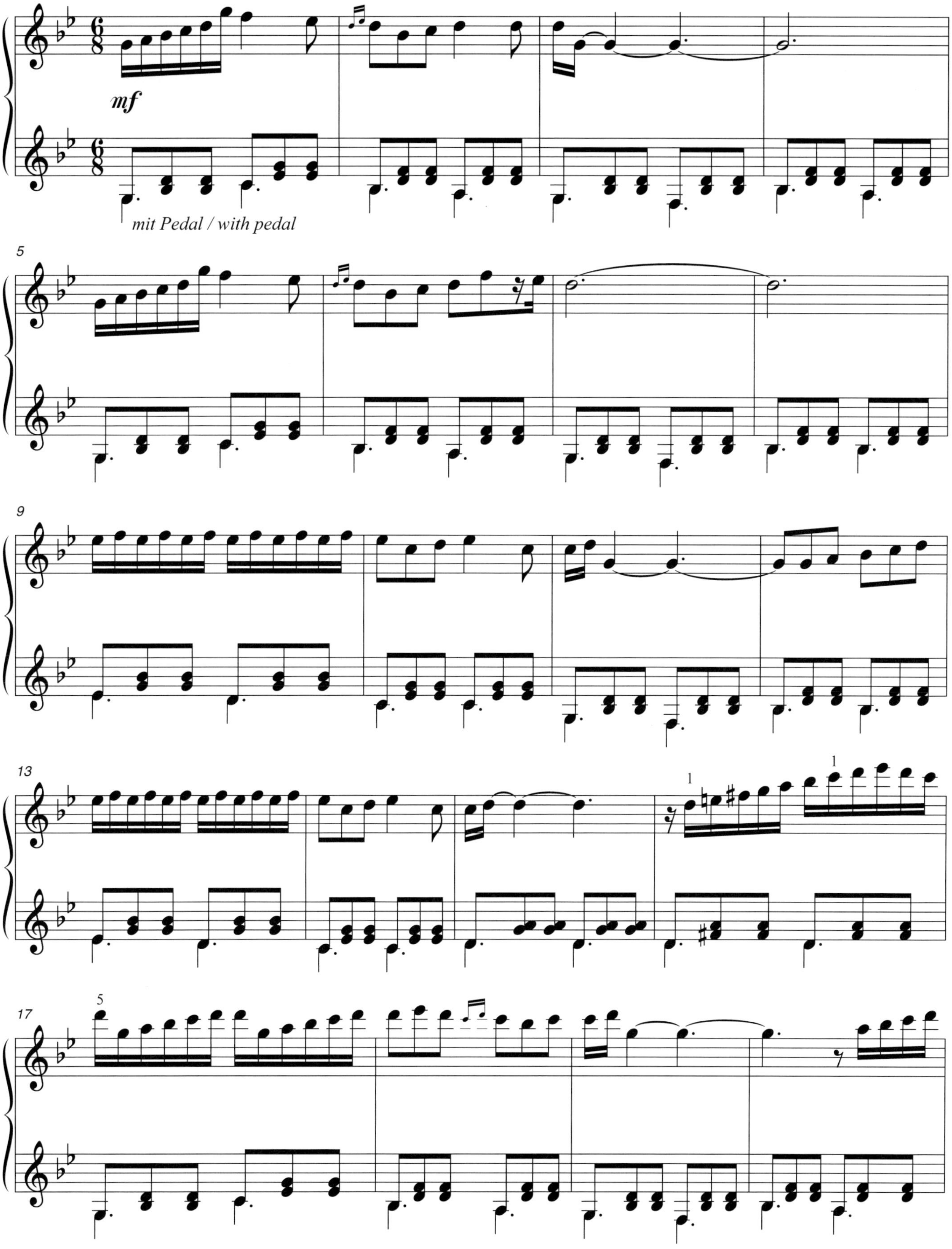

♩. = 70-76

mf

mit Pedal / with pedal

EH 3823
Die fabelhafte Welt des Pianospiels

EH 3823   Die fabelhafte Welt des Pianospiels **HAGE**

81
p
mf
p
84
mf
87
91
rit.
mp
Molto Rubato
95
♩. = 52-60
8va
p

Perpetuum Mobile

05 Titel

♩. = 80-86

Johannes Schmidauer-König

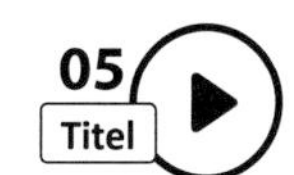

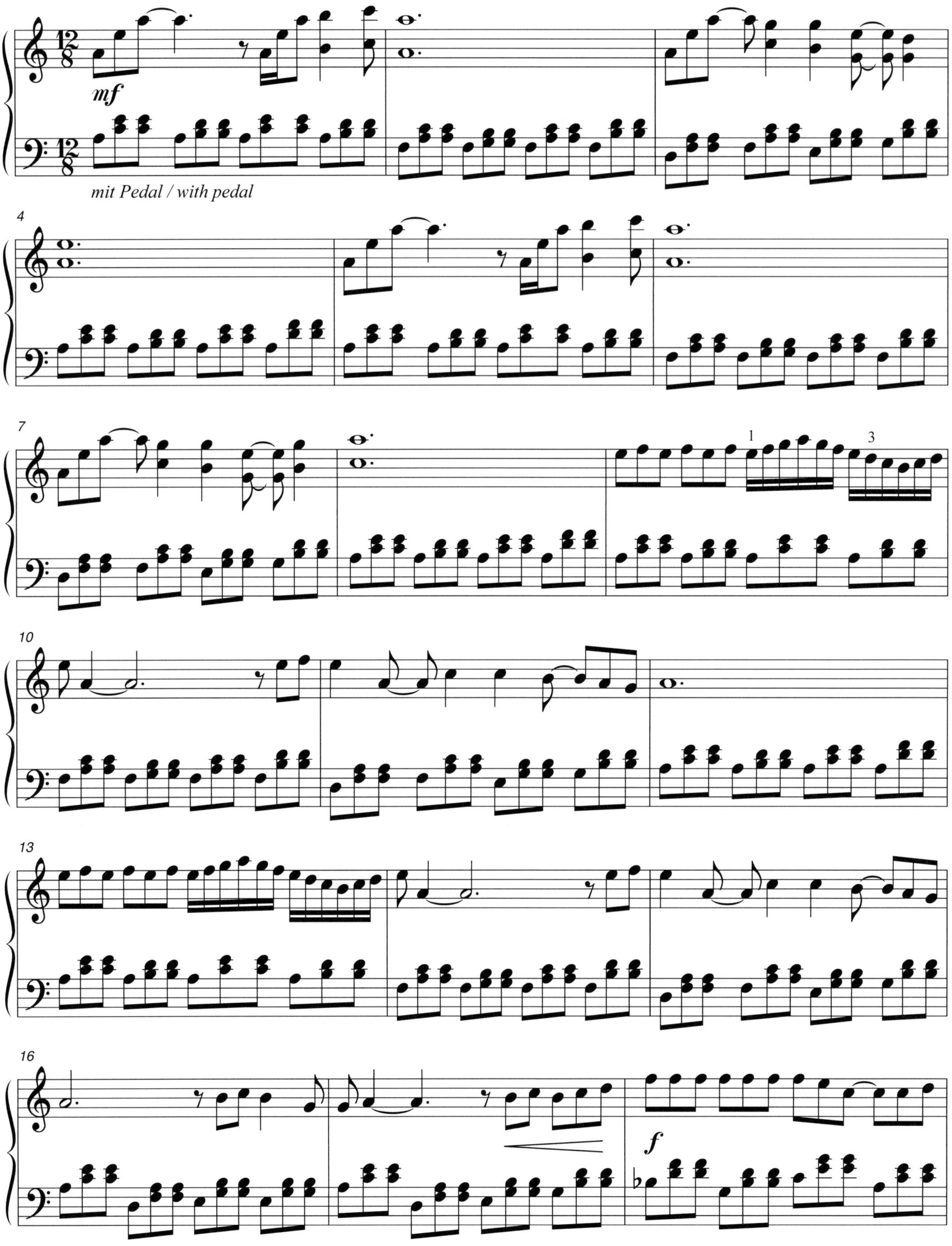

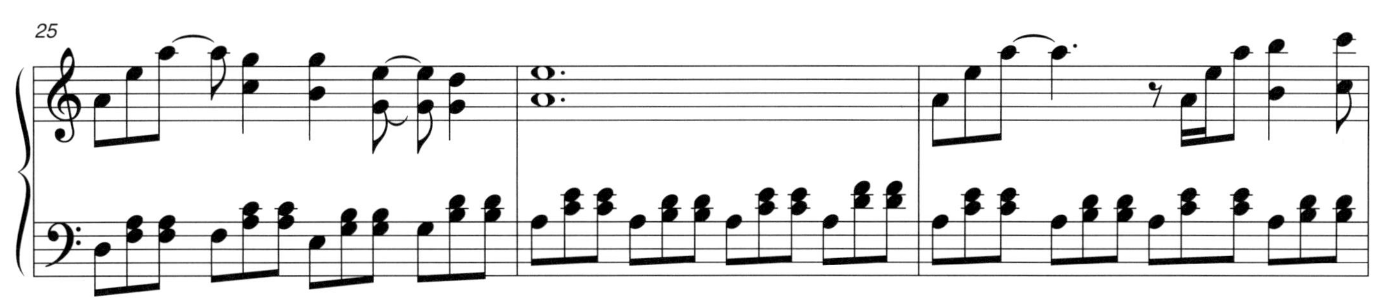

EH 3823
Die fabelhafte Welt des Pianospiels HAGE
MUSIKVERLAG

Nostalgia

Johannes Schmidauer-König

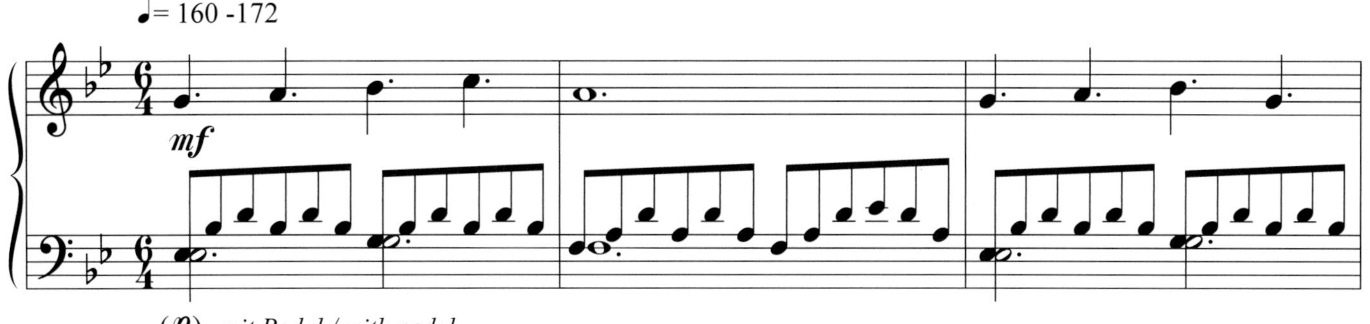

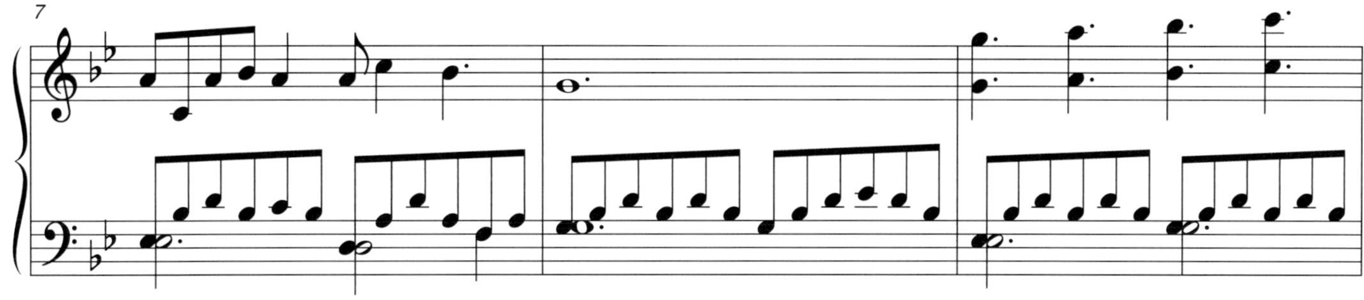

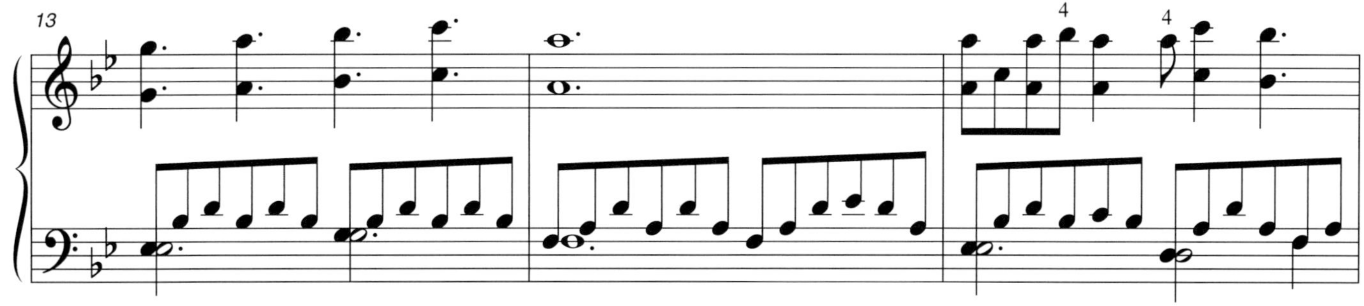

EH 3823   Die fabelhafte Welt des Pianospiels **HAGE**

31
34
37
40
43
f
ff

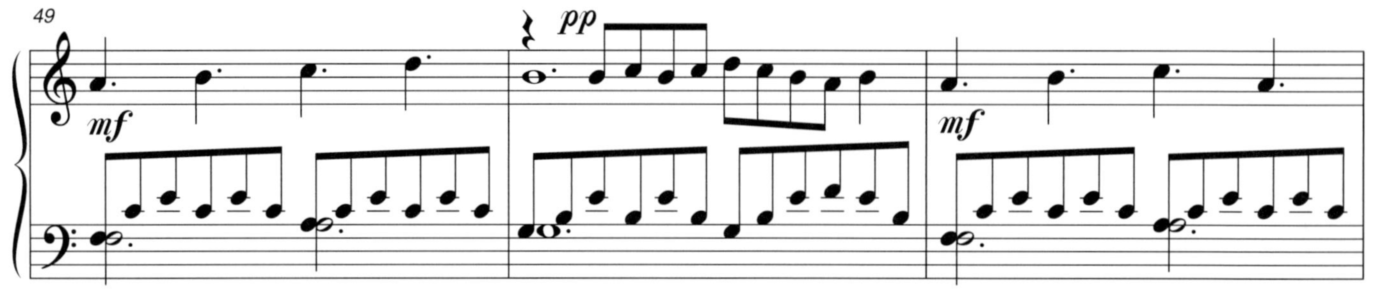

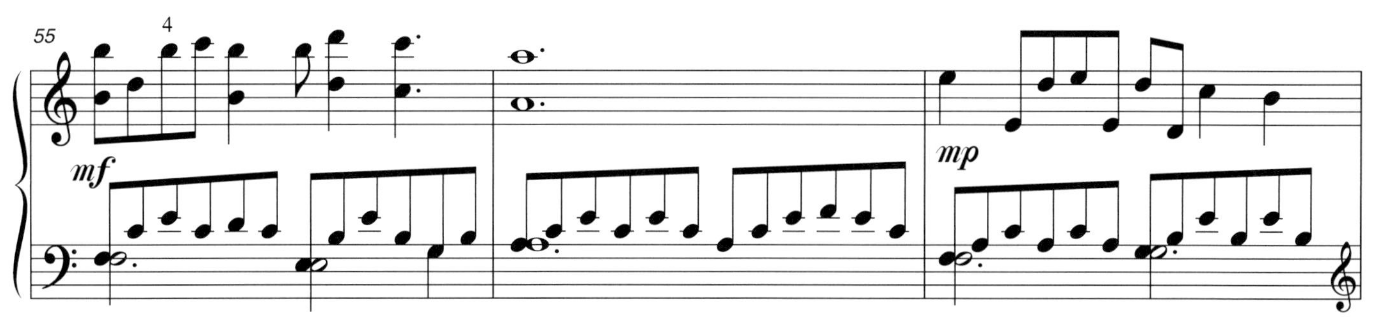

EH 3823   Die fabelhafte Welt des Pianospiels HAGE

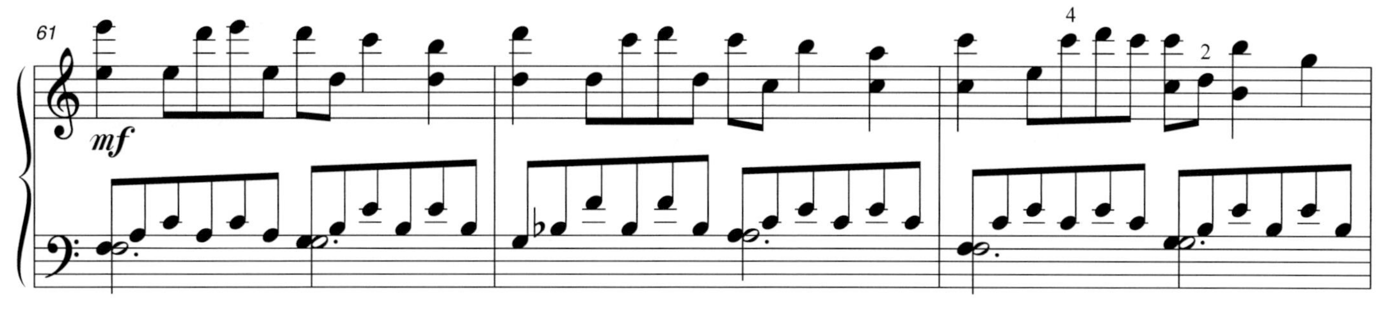

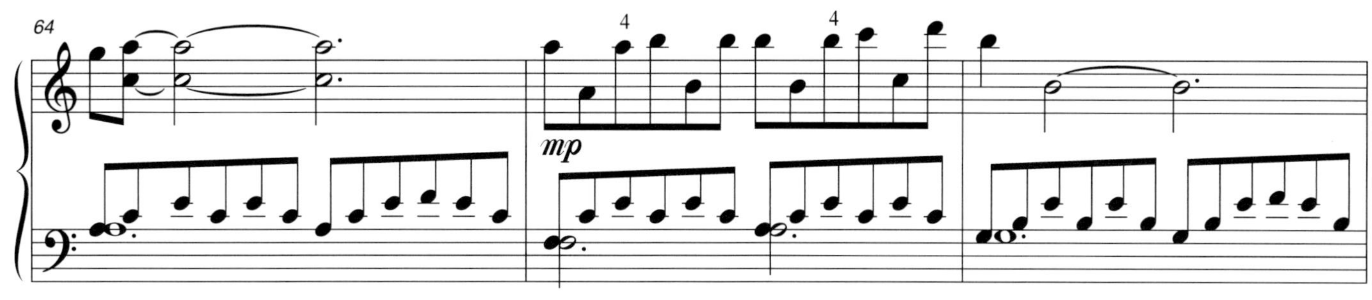

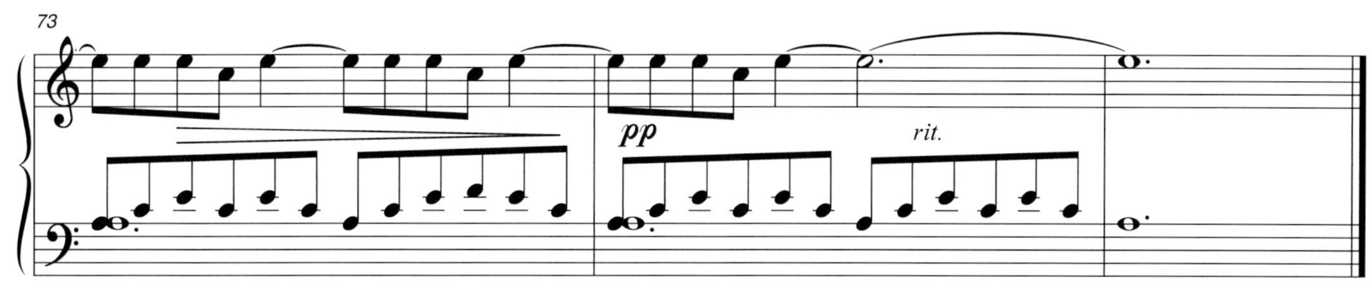

Gyroscope

Johannes Schmidauer-König

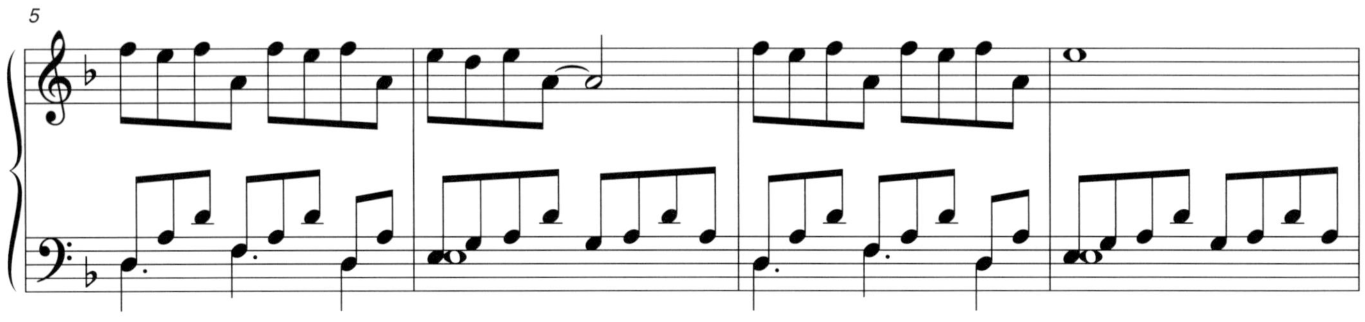

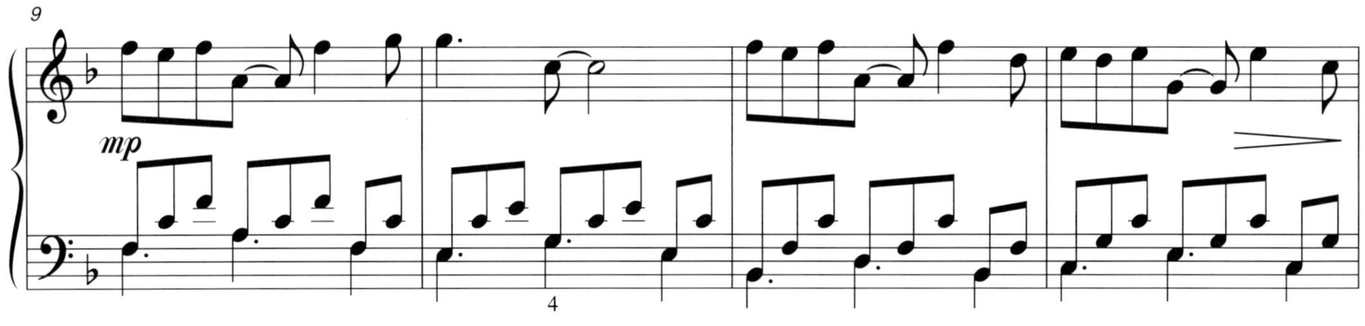

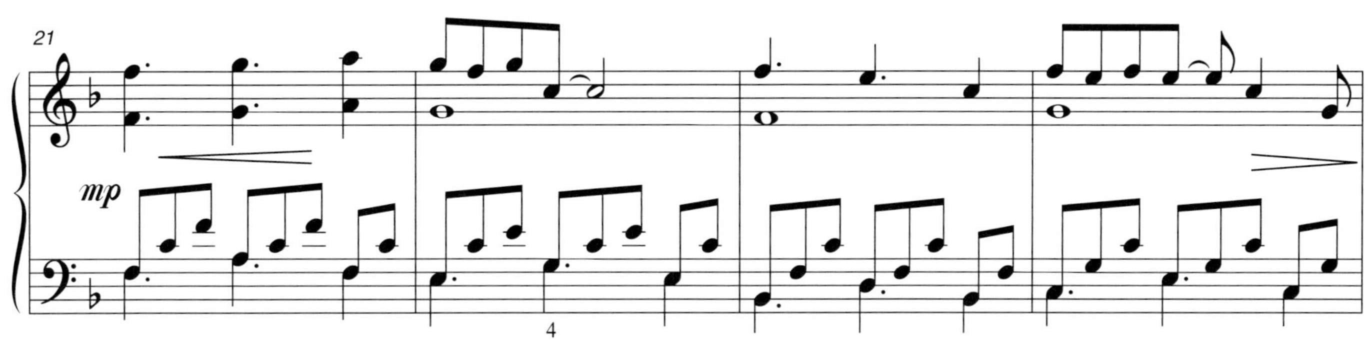

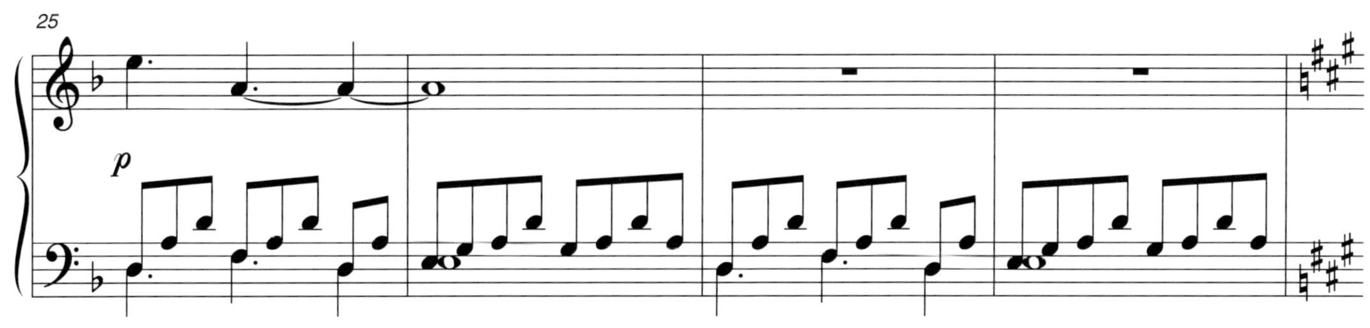

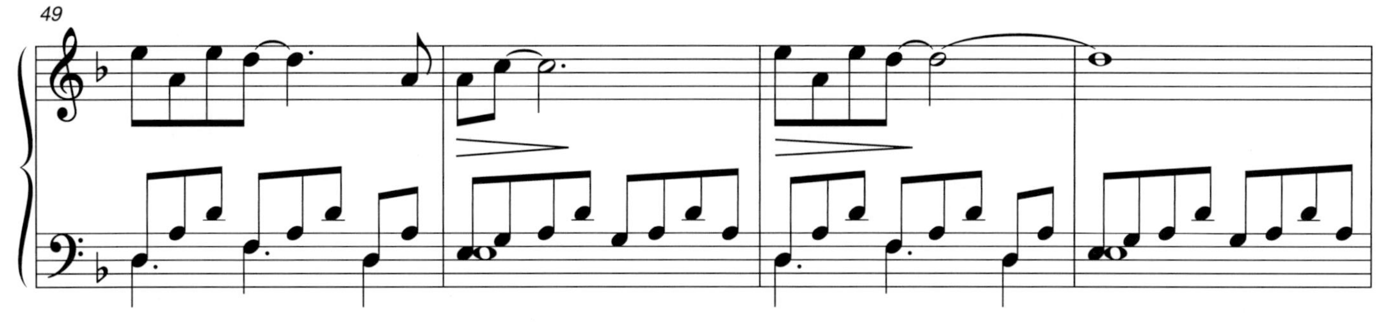

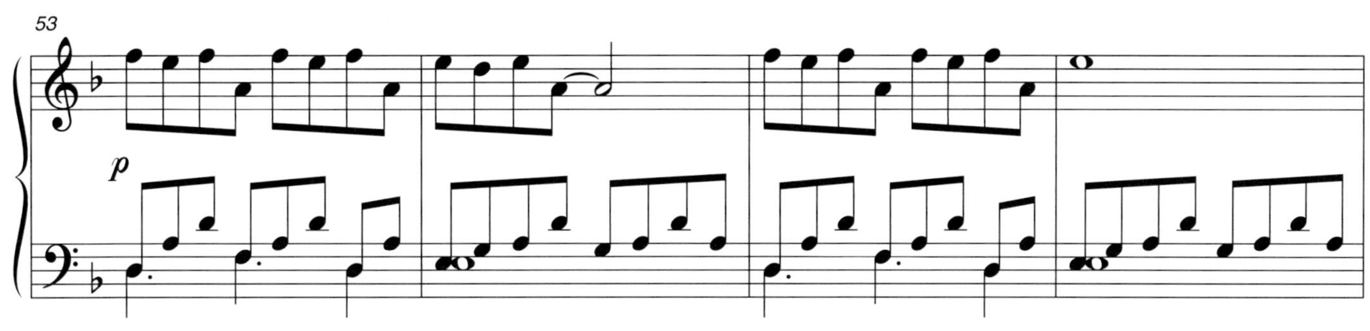

p

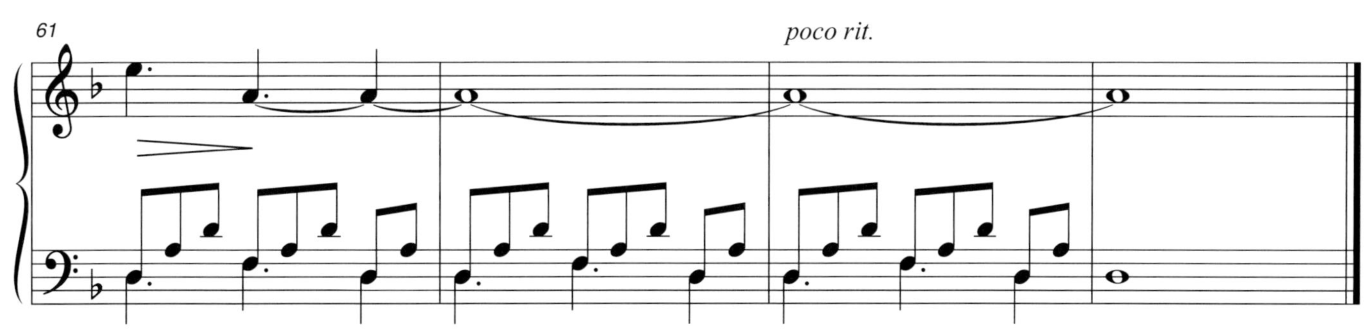
poco rit.

Spring

♩= 64-68

Johannes Schmidauer-König

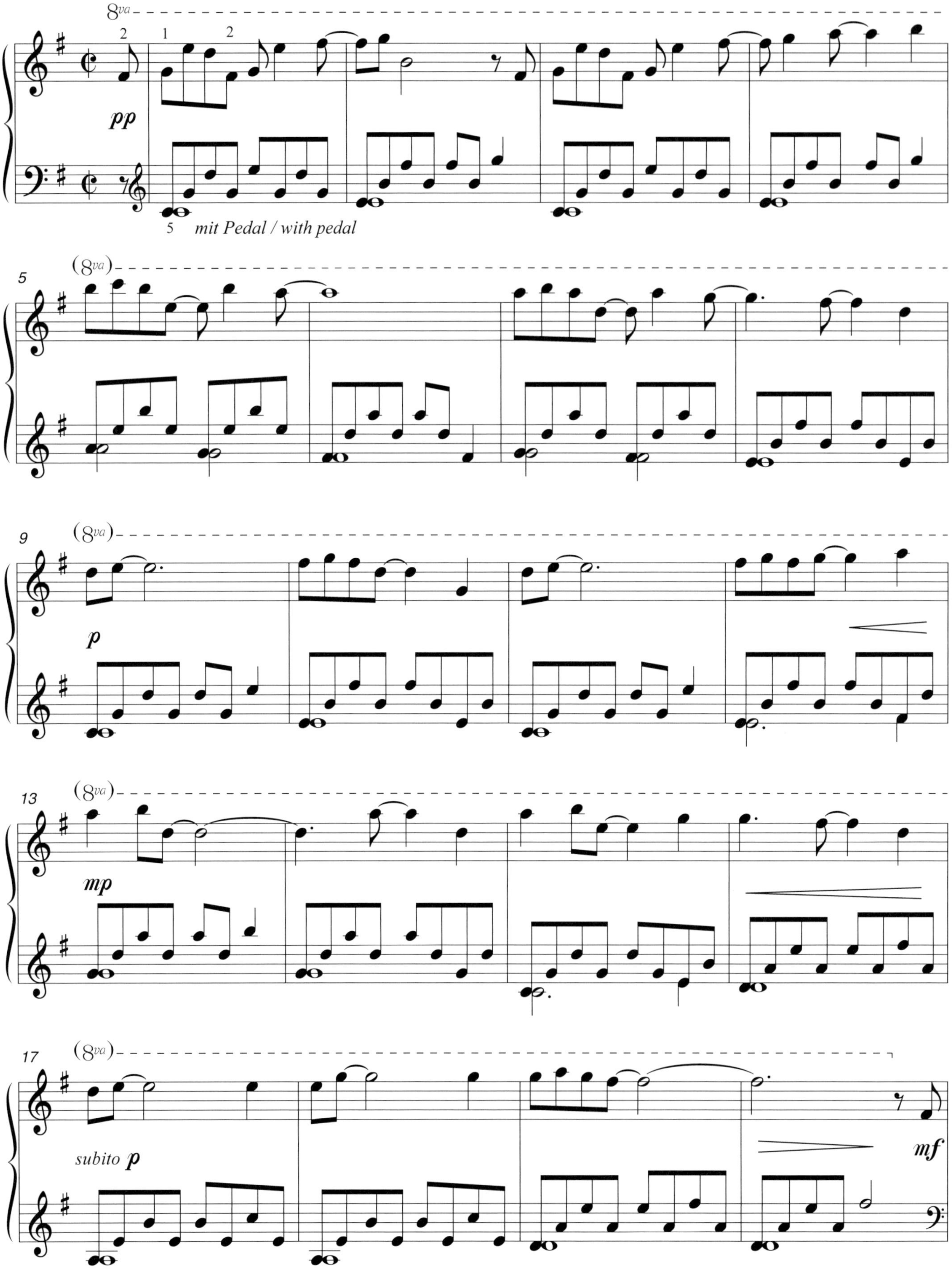

21
25
29
(mf)
subito p
mf
33
f
mf
37
f
p

41

45

49
poco a poco cresc.

53
mf
f

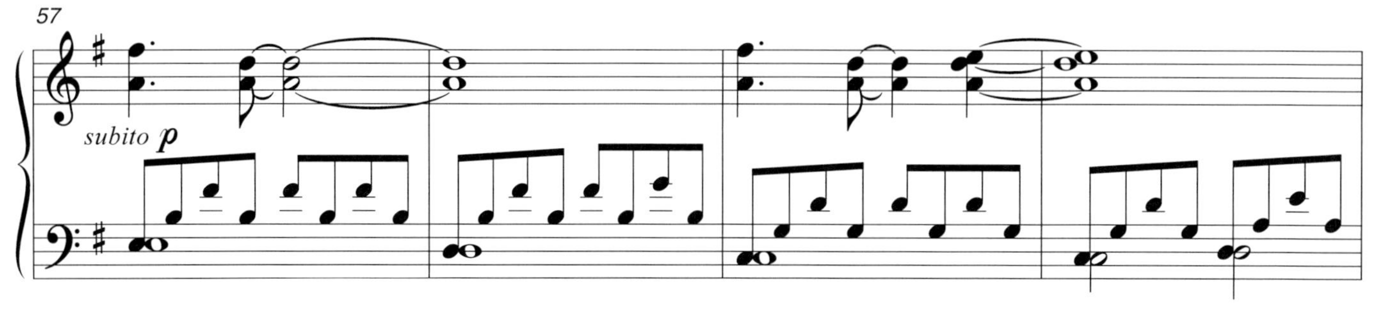
57
subito p

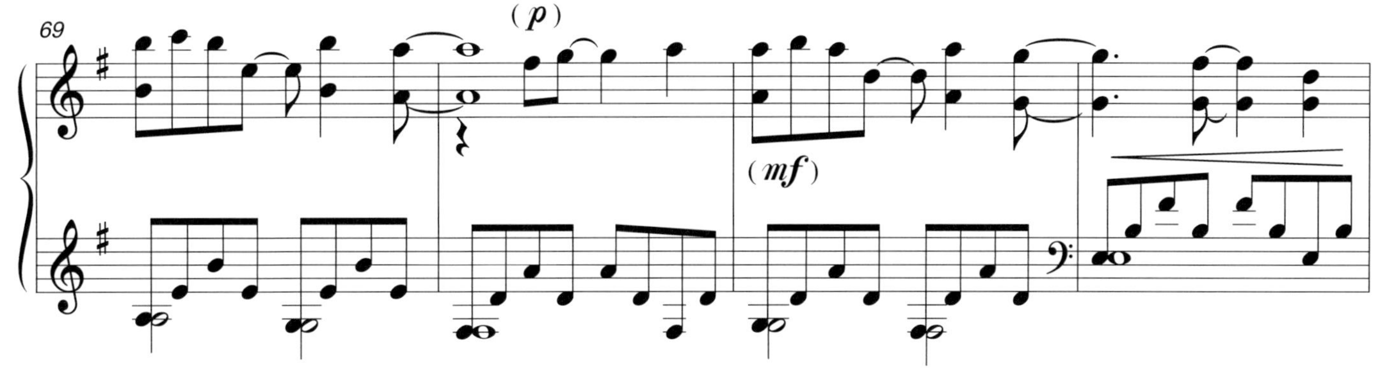

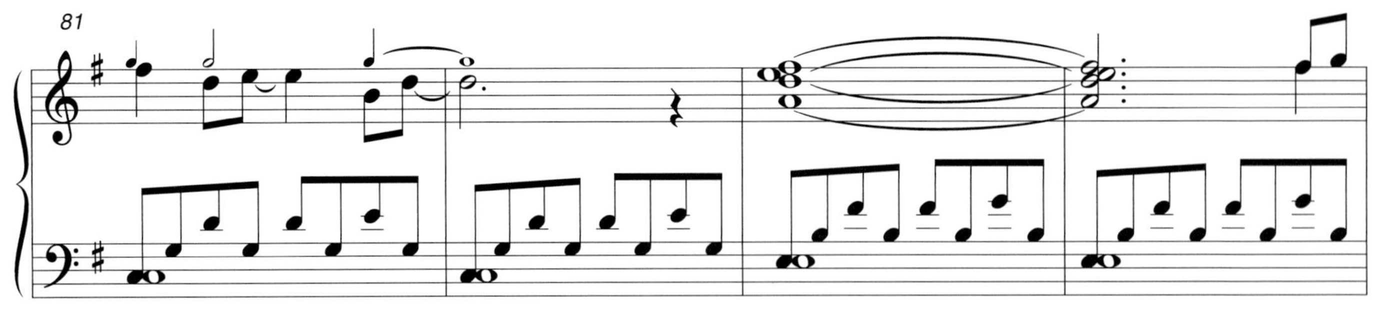

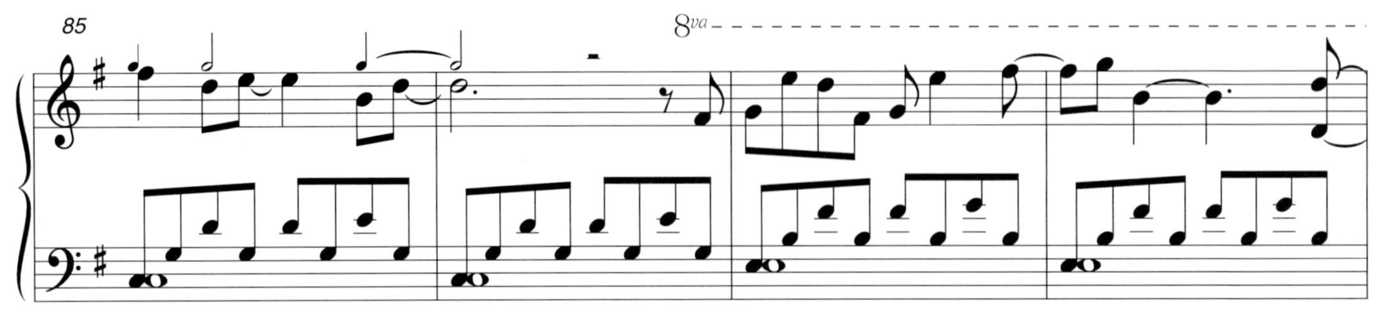
8va

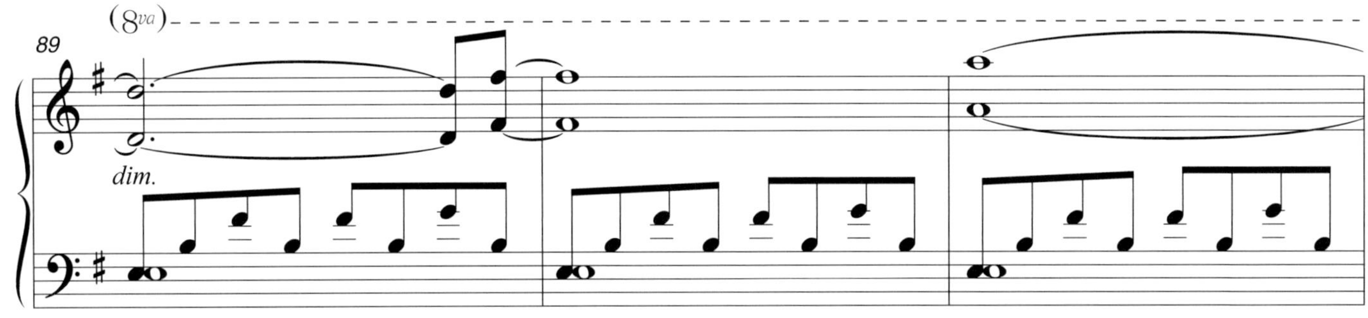
(8va)
dim.

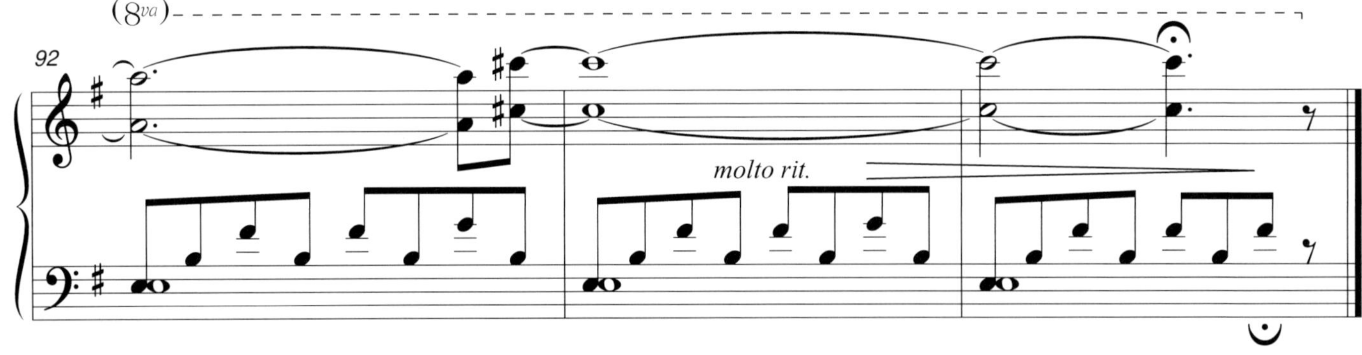
(8va)
molto rit.

May

09 Titel

Johannes Schmidauer-König

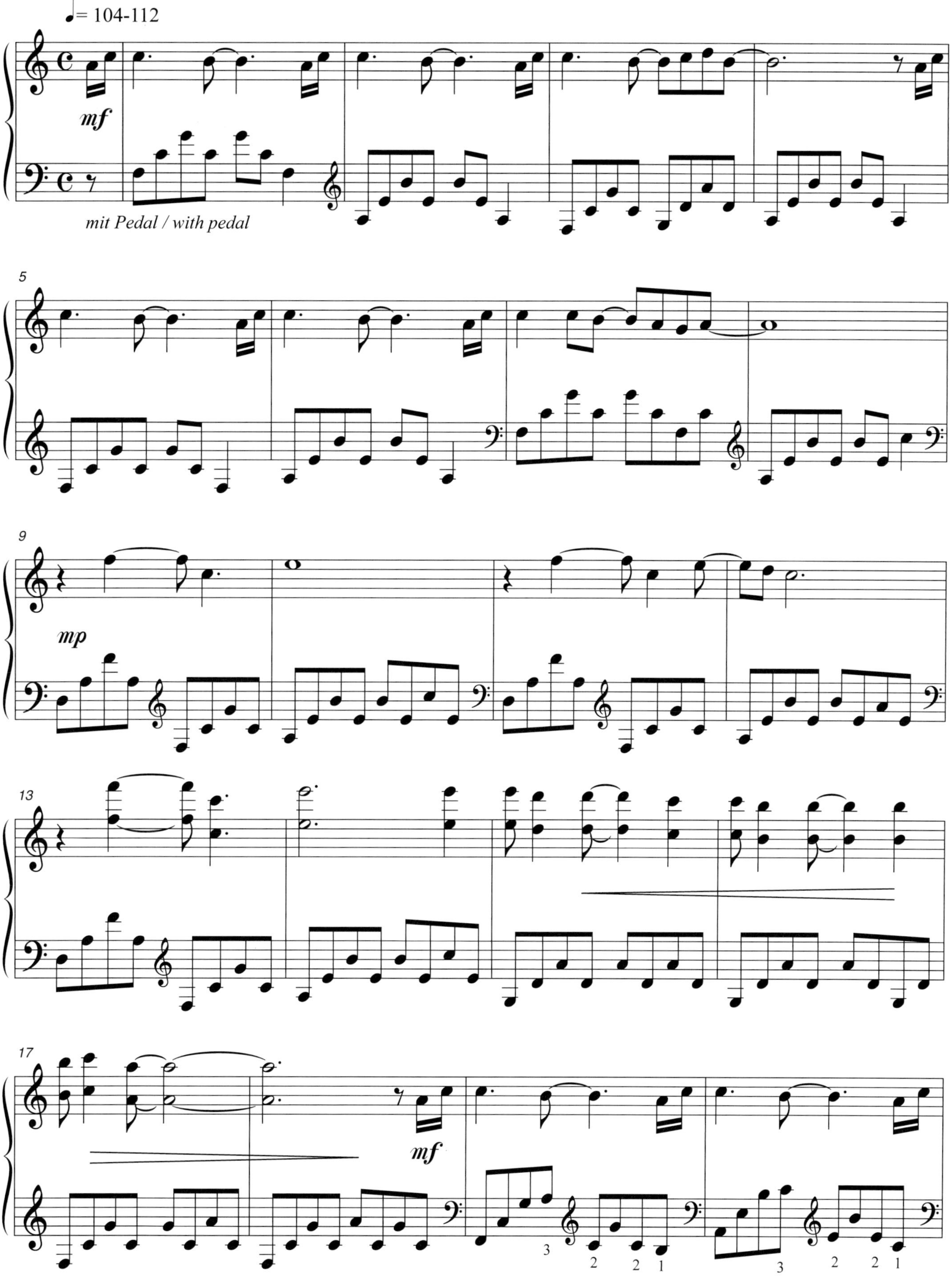

EH 3823   Die fabelhafte Welt des Pianospiels

39
mp
42
rit.
p
45
meno mosso
49
8va
pp
p
54
(8va)
molto rit.
ppp

September

♩ = 78-82

Johannes Schmidauer-König

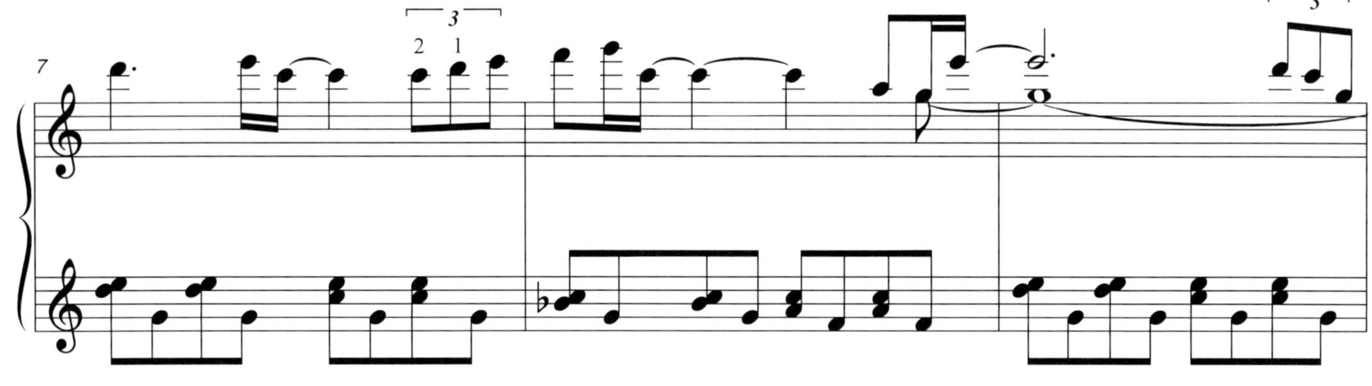

© 2012 HAGE Musikverlag, Pommelsbrunn

mp
mf
cresc.
f
mf

EH 3823   Die fabelhafte Welt des Pianospiels   HAGE MUSIKVERLAG

43
mf
46
2
mp
49
p
1 5 2
1 2 1
52
pp
55
rit.

October

Johannes Schmidauer-König

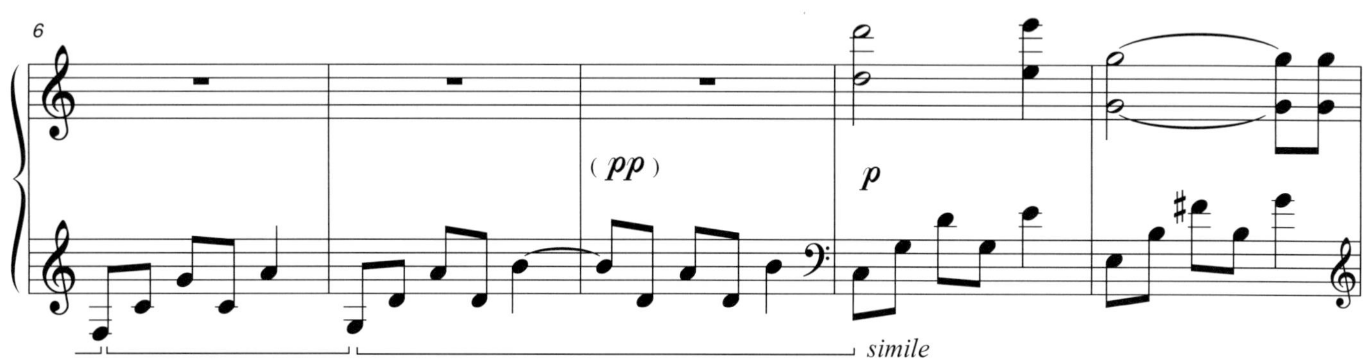

mp
p
mp
mp
3
4
rit.
a tempo
mf

EH 3823   Die fabelhafte Welt des Pianospiels

Midwinter

♩ = 108-118

Johannes Schmidauer-König

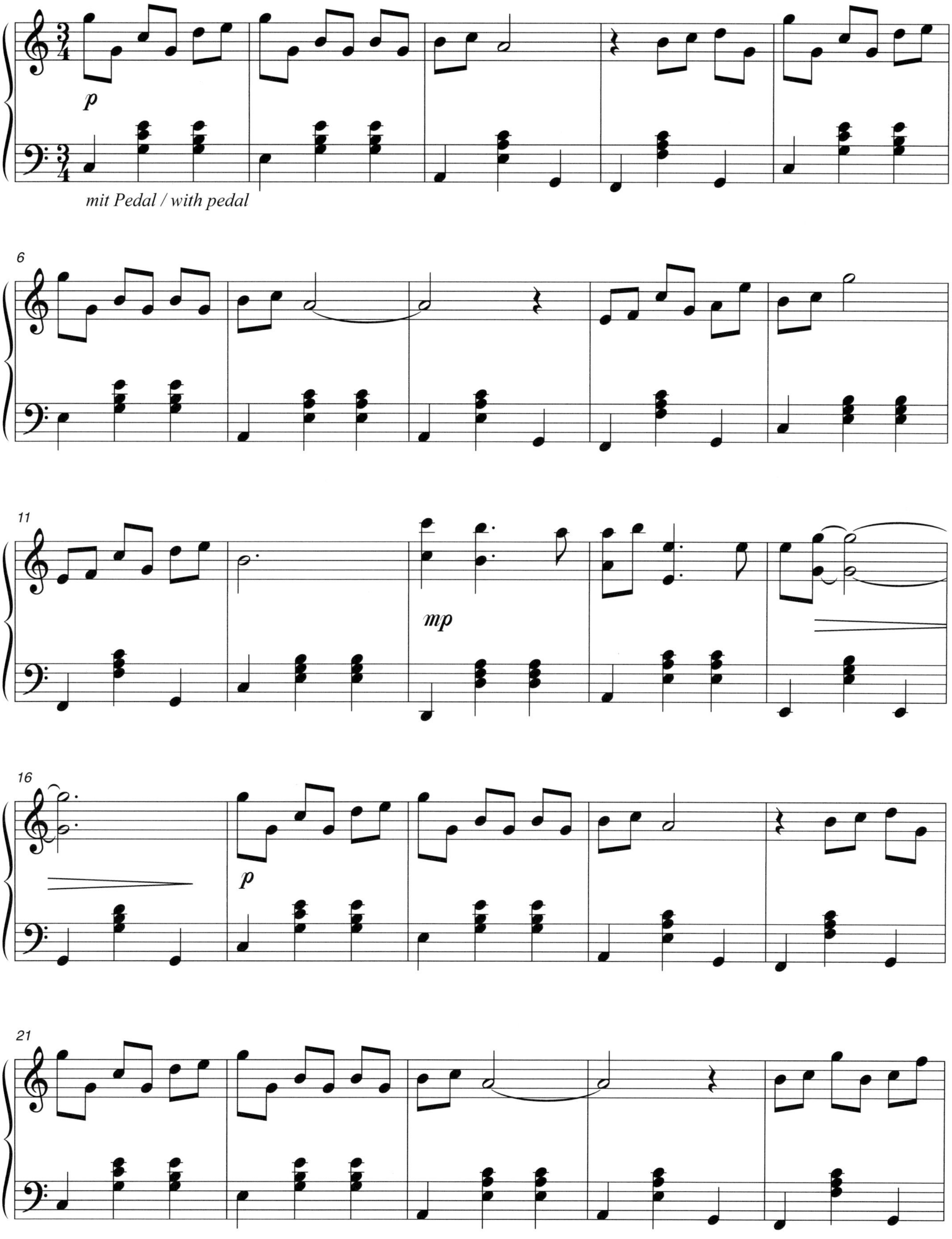

EH 3823

Die fabelhafte Welt des Pianospiels

51
56
61
mp
66
71
poco rit.
p
pp
HAGE The Fabulous World Of Piano Playing   EH 3823   49

Winter Landscape

Johannes Schmidauer-König

mf
mp
cresc.
f
f
The Fabulous World Of Piano Playing
EH 3823
51
HAGE
MUSIKVERLAG

EH 3823   Die fabelhafte Welt des Pianospiels   HAGE
MUSIKVERLAG

57
mf
61
f
65
p
pp
8va
69
p
pp
8va
73
(8va)
rit.

Snowflakes

Johannes Schmidauer-König

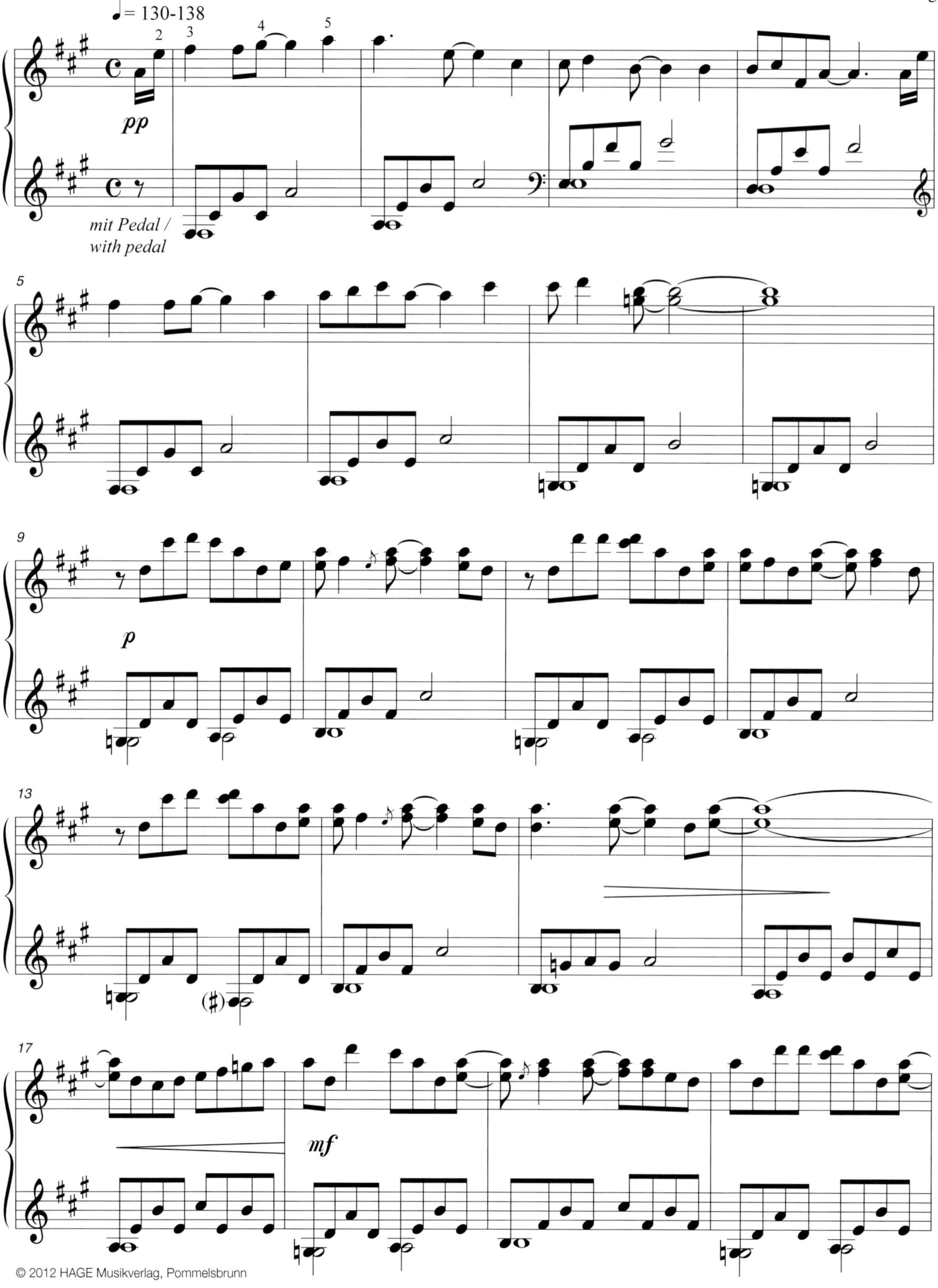

EH 3823

Die fabelhafte Welt des Pianospiels

81
85
diminuendo
rit.
89
a tempo
p
93
97
poco rit.
pp
58
EH 3823
Die fabelhafte Welt des Pianospiels
HAGE
MUSIKVERLAG

The Circle

Johannes Schmidauer-König

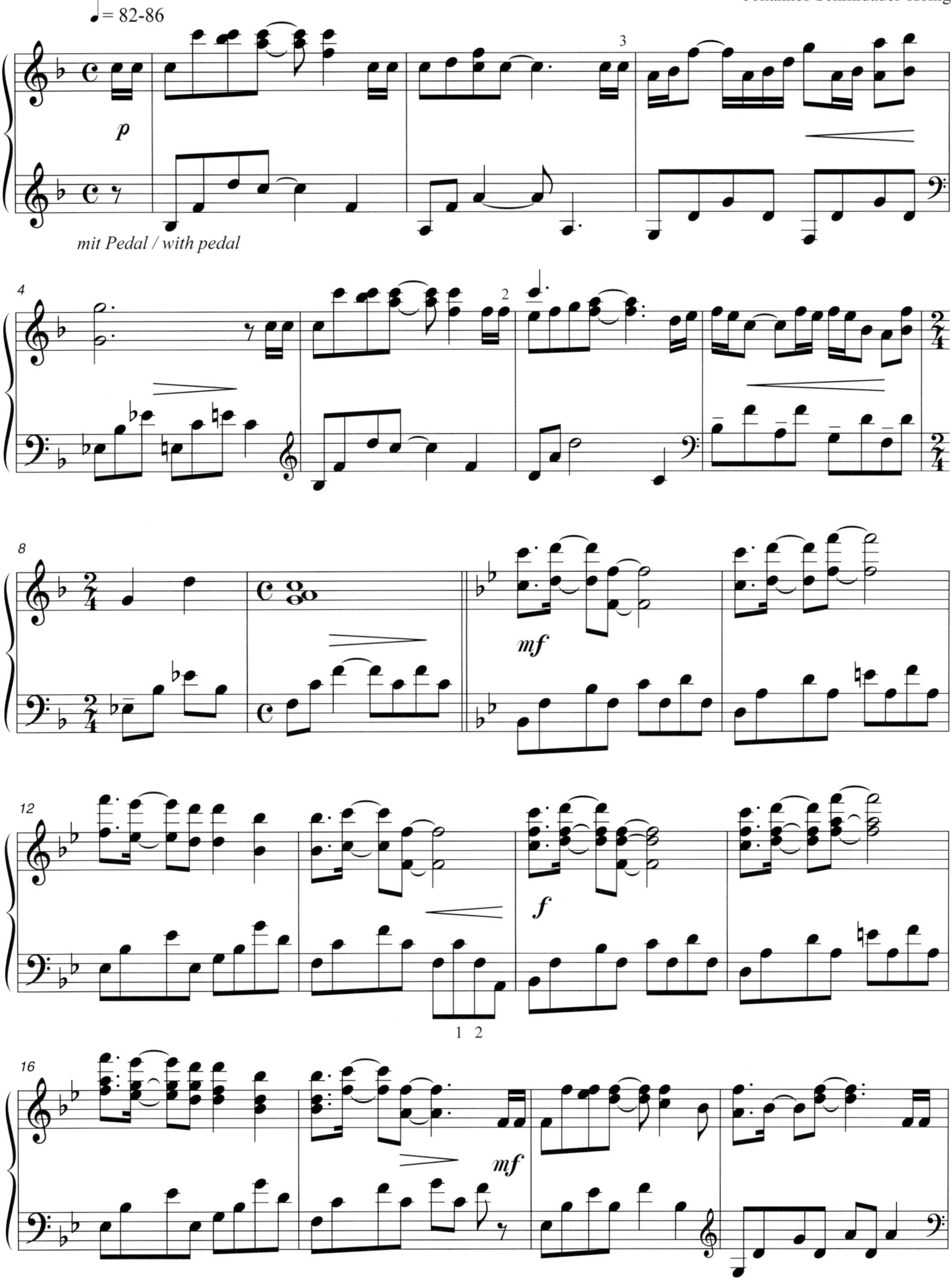

EH 3823   Die fabelhafte Welt des Pianospiels

41
f
44
47
50
mp
p
54
molto rit.
pp

Lost Piece No. 1

Johannes Schmidauer-König

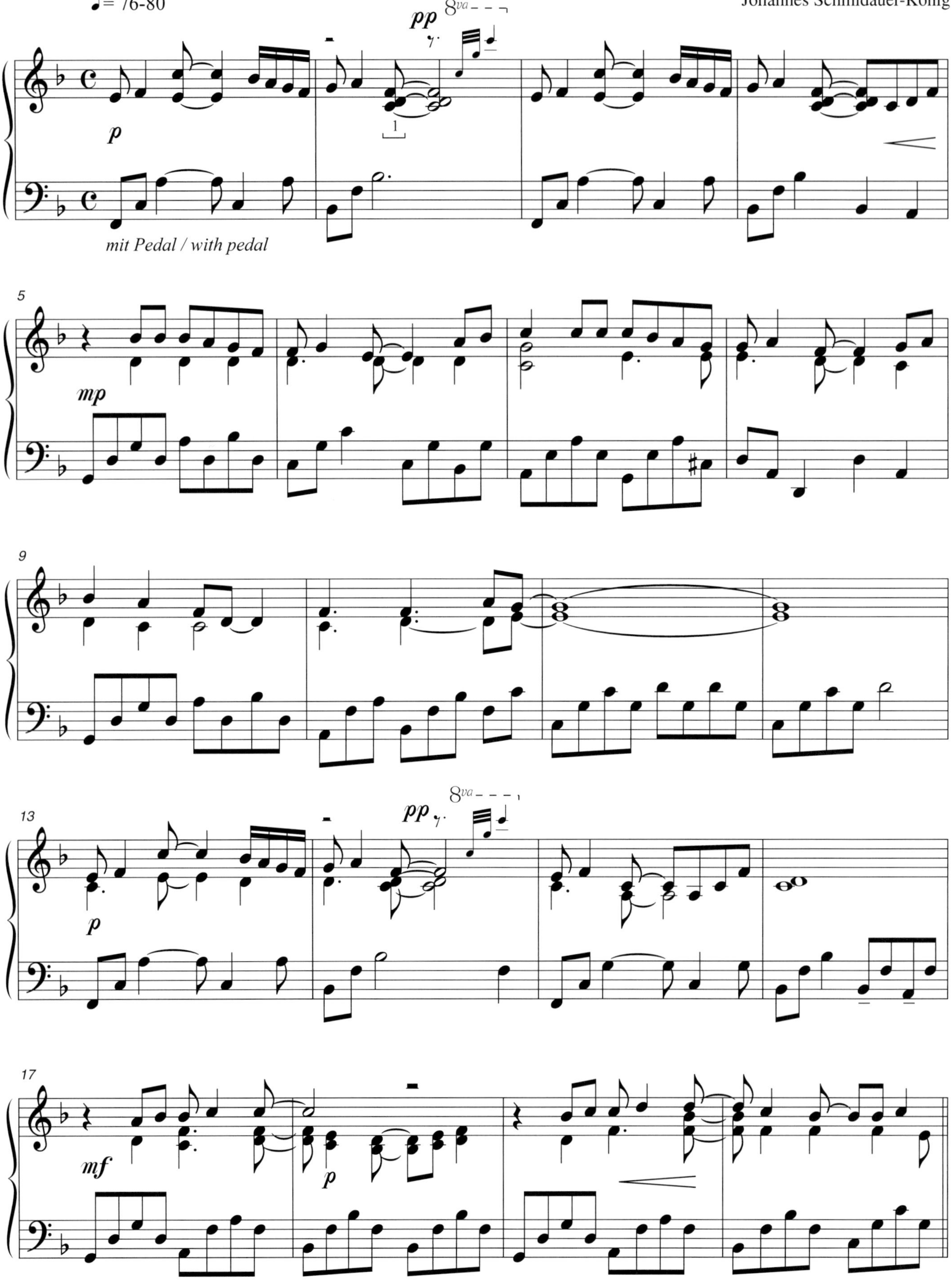

21
f
f
25
29
subito mp
33
5
5
37
p
1

EH 3823

Die fabelhafte Welt des Pianospiels **HAGE**

Lost Piece No. 2

Johannes Schmidauer-König

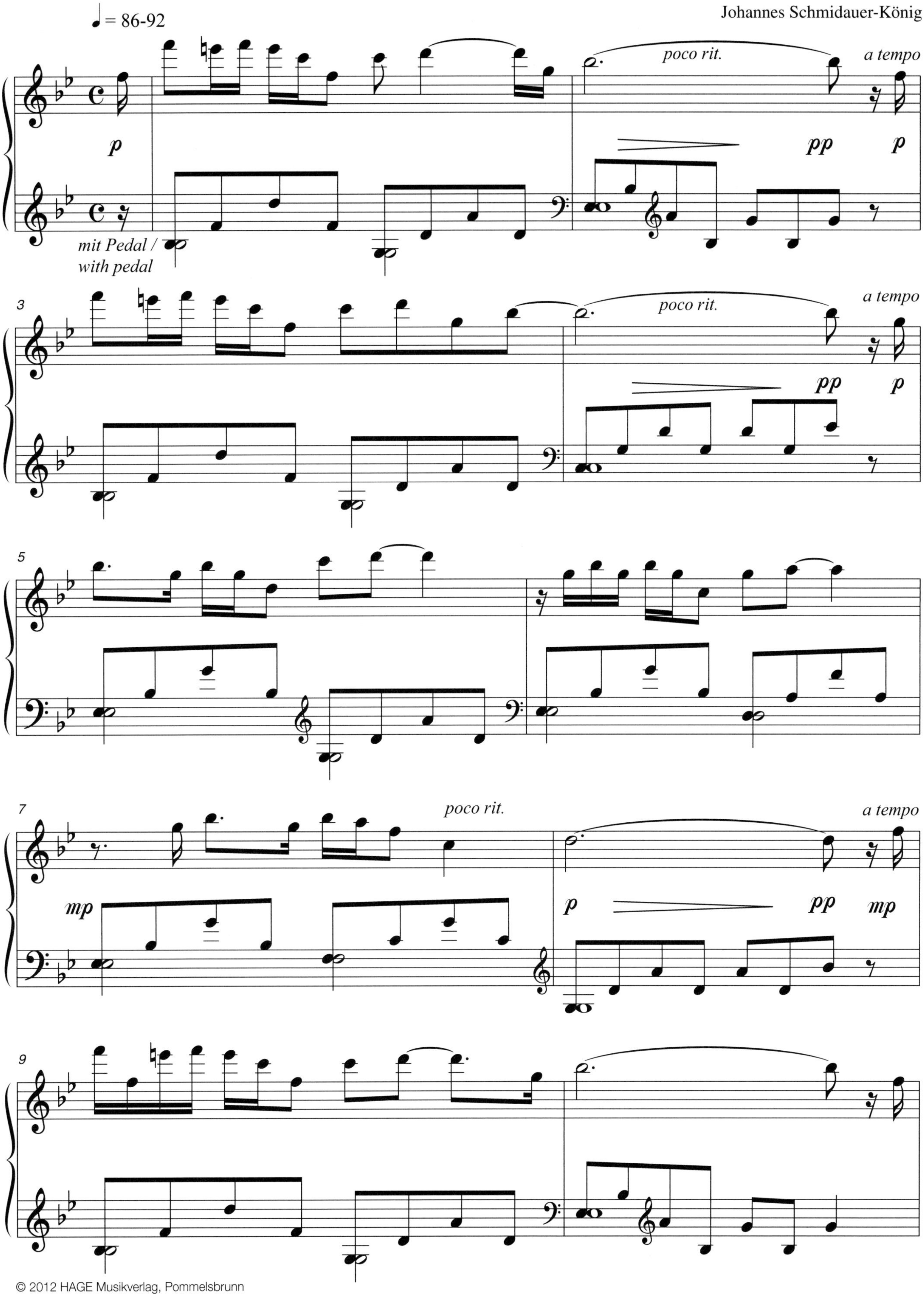

♩ = 86-92

EH 3823   Die fabelhafte Welt des Pianospiels   HAGE MUSIKVERLAG

a tempo
poco rit.
mp
rit.
a tempo
pp
mp
rit.
p
pp
a tempo
mp
mf

EH 3823   Die fabelhafte Welt des Pianospiels **HAGE** MUSIKVERLAG

52
mp
54
p
57
60
8va
(8va)
62
rit.
pp

King Of Tokyo

♩= 124-132

Johannes Schmidauer-König

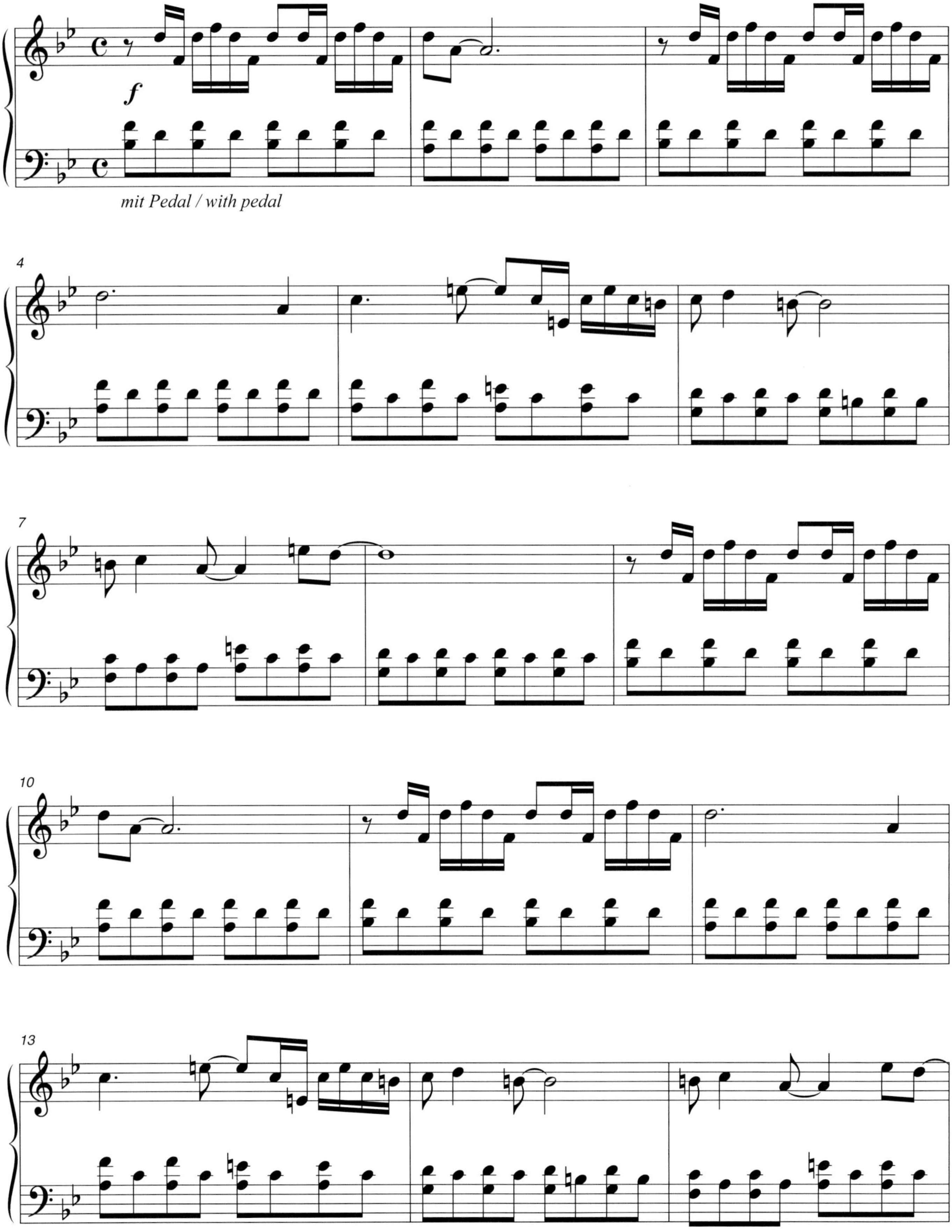

f

mit Pedal / with pedal

mf

f

4
4

EH 3823   Die fabelhafte Welt des Pianospiels   HAGE

HAGE The Fabulous World Of Piano Playing
EH 3823
73

poco rit.
mp

Lullaby

Poco sostenuto

Johannes Schmidauer-König

♩ = 82-88

The Fabulous World Of Piano Playing   EH 3823   75

EH 3823   Die fabelhafte Welt des Pianospiels   HAGE

Epilogue

Johannes Schmidauer-König

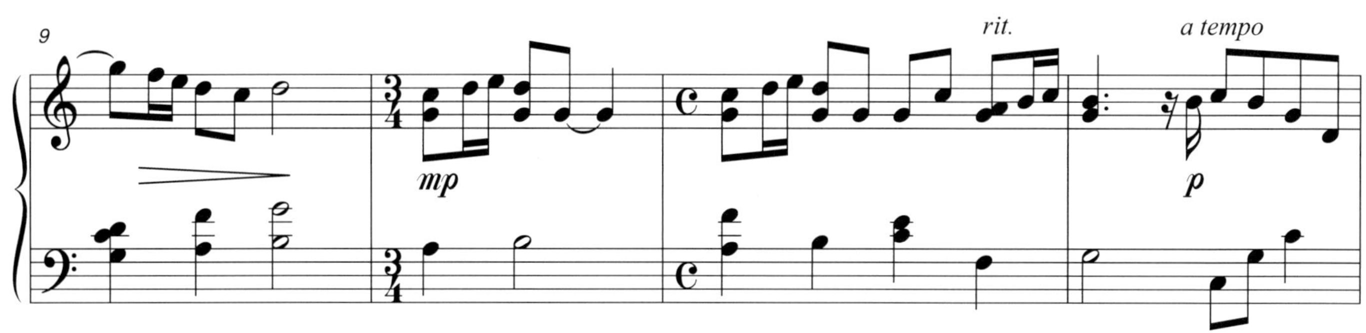

poco più mosso
mp

pp
mp
2

rit.
a tempo
mf
linke Hand hervorheben /
emphasize left hand

33
rit.
Larghetto
3
f
3
1 4
3

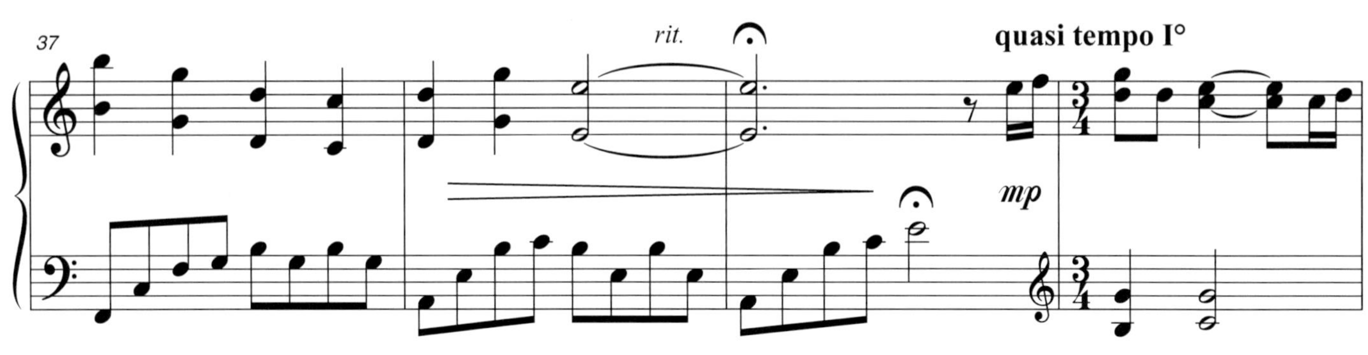

37
rit.
quasi tempo I°
mp
3
4
3
4

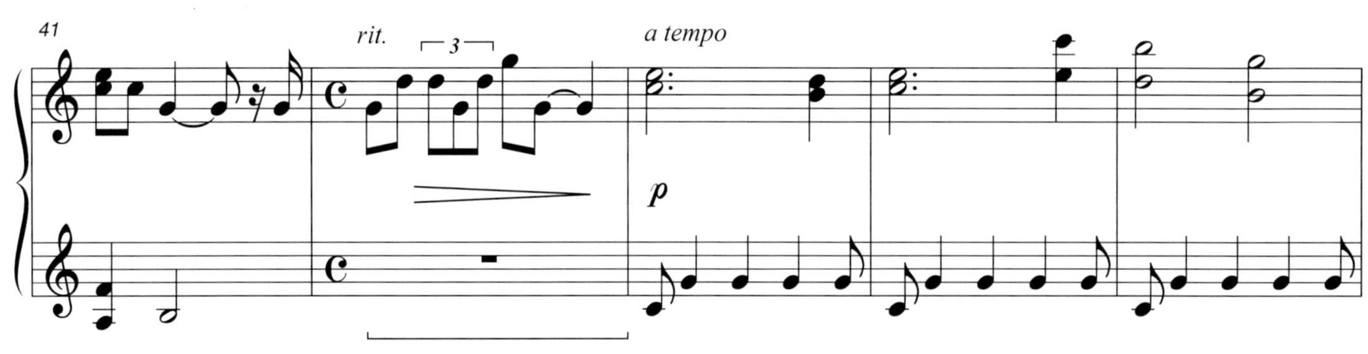

41
rit.
a tempo
3
C
C
p

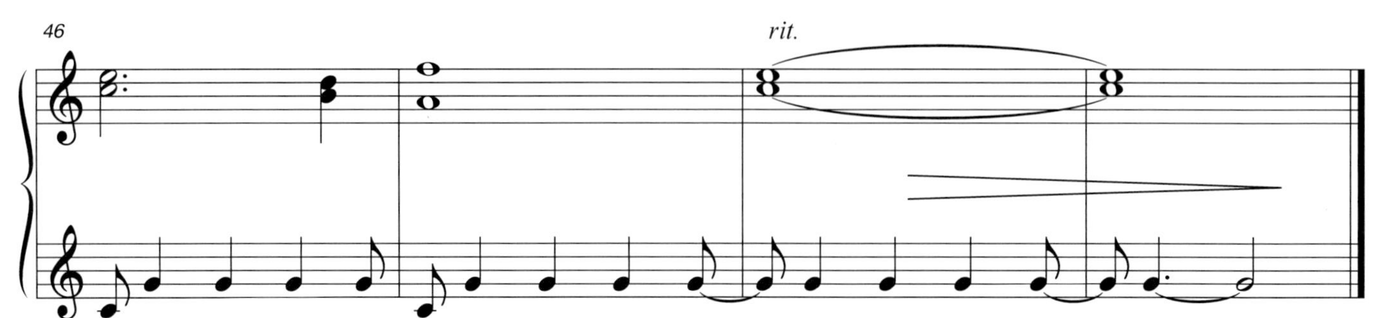

46
rit.